ELGER ESSER   NOCTURNES À GIVERNY

ELGER ESSER
NOCTURNES À GIVERNY

SCHIRMER/MOSEL

DIE *NÄCHTLICHEN* VON ELGER ESSER

Hubertus v. Amelunxen

«Die Pause bemisst sich an der Zeit meiner Bestimmung.»
Stéphane Mallarmé, *Die weiße Seerose*, 1885

«Ja, die Einbildung macht die Landschaft.»
Charles Baudelaire, *Salon von 1859*

Nächtens irren die Lichter umher und die Natur legt sich in die Falten der Zeit. Tagsüber vom Licht geblendet, sucht das Auge Gewöhnung im Dunkeln, bis die Dinge erneut erscheinen und aus ihnen heraus ein Raum wird, dessen Weiten ungewiss bleiben, bis jedes neue Werden die Ungewissheit weiter darin bestärkt, zu ahnen, was wir hinter uns gelassen und in Aussicht vor uns haben.

Von dem Künstler Elger Esser wäre zu glauben, er habe seine Bilder in andere Zeiten getaucht, sie seien so gar nicht zeitgenössisch, trügen nicht den ‹Stempel der Gegenwart›, dessen Eindruck Künftiges verhieße, vielmehr schauten aus ihnen, den großen photographischen Landschaften und Veduten, vergangene Zeiten heraus, so fern lägen die Ansichten, dass sie eine Gegenwart, unsere Jetzt-Zeit allenfalls träumerisch, also in Absehung von der Gegenwart, umfingen. Dieser Ansicht entgegne ich, nicht ein malender Photograph, da rühren wir an der Pittoreske, ist er, Elger Esser ist ein Schreibender unter den bildenden Künstlern. Und dass er mit Licht schreibt, begründet seine Auswahl des Mediums Photographie, eine Entscheidung, hätte es je eines Paten bedurft, die sich auch noch durch den deutlichen Satz von Paul Valéry unterstützen ließe, man möge aufhören mit Tinte zu beschreiben, was sich mit Silbernitraten von selbst einschriebe. Die Bilder von Elger Esser sind mit Zeit getränkt, einer Zeit aber, die den Augenblick in die Zeit stellt, in eine Dauer, in der Gegenwart als vergangen und das Vergangene als gegenwärtig erscheint und zu keinem Ende kommt.

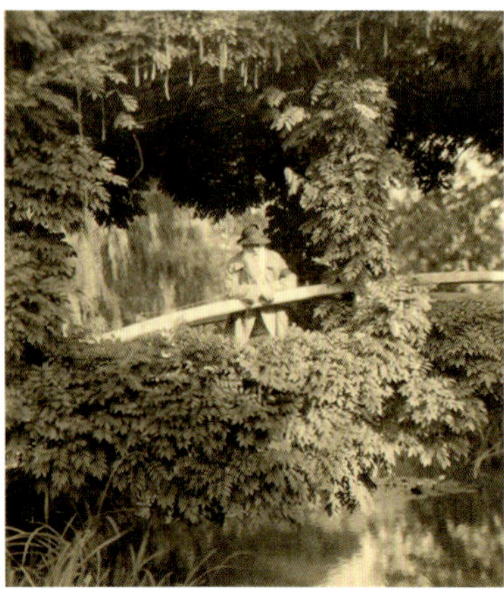

Claude Monet auf der japanischen Brücke
in seinem Garten in Giverny, um 1920
Photo: Thérèse Bonney

*Claude Monet on the Japanese bridge in
his garden in Giverny, ca 1920*

Der Zyklus *Nocturnes à Giverny* setzt einen präzisen, gleichwohl intrikaten Bezugsrahmen, den ich annähernd zunächst angeben möchte. Giverny ist eine kleine Stadt in der Haute-Normandie, in der sich der französische Maler Claude Monet 1883 im Alter von 43 Jahren ansiedelte. Nach Erwerb des Hauses und dazugehörigen Gartens, 1890 unternahm Monet eine detaillierte, sorgfältige Gestaltung von Garten und angelegtem Seerosenteich. Georges Clemenceau, der Freund und spätere Biograph von Claude Monet, beschrieb die Pracht des Gartens als eine «Poesie für die von der Prosa des Lebens ermüdeten Augen» und die dort entstandenen *Seerosen* Monets als Kunstwerke, die unsere Wahrnehmung zu einer neuen, anderen Ordnung der Dinge führten.[1] Die Titel *Giverny I–VIII* benennen also den Ort Giverny, und ein Vergleich aus eigener Erinnerung und auch mit einem Blick auf die Photographien, die Louis Vauxcelles anlässlich eines Besuches bei Monet 1905 vom Garten aufnahm, zeigt, dass Elger Esser den Garten Monets photographiert hat, in der Abenddämmerung und in der Nacht. Die fünf Heliogravüren aber, Bilder in einer anderen, im letzten Drittel des 19. Jahrhunderts und heute kaum noch gebräuchlichen Reproduktionstechnik, tragen die Titel *Combray (Giverny I–V)* und zusätzlich zu Land (Frankreich) und Datum (2010) noch die genaue geographische Verortung (Haute-Normandie, 27 Eure). Eure ist das 27. Departement in Frankreich, benachbart von Eure-et-Loir, in dem sich Illiers-Combray befindet. Die kleine Stadt Combray war zunächst eine fiktive, von Marcel Proust in der *Recherche du temps perdu* nach dem Vorbild des Herkunftsorts der Eltern, Illiers, beschriebene und umgeschriebene Ortschaft, die sich dann 1971, in Würdigung des literarischen Tributs an sie, in Illiers-Combray umbenannte, die Fiktion sozusagen eingemeindend und darin die Stadt auf die Höhe der Fiktion erhebend. Mit *Combray* sind auch andere Heliogravüren aus Frankreich von Elger Esser betitelt, so dass ihnen eine über das sichtbare Werk hinaus besondere Bedeutung der Verortung in Zeit und Geist zufallen mag. So wie Illiers sich in Illiers-Combray umbenannt hat, so steht Combray für eine Vergangenheit, eine Kindheit, ein vergangenes Werden, dessen Gegenwart noch nicht angebrochen oder gar beendet ist, als stünde Combray für eine benannt namenlose Zeit, für einen Ort, der nur im Bild, in der Einbildung zu betreten, dessen Zeit eine nur teils gehobene und längst nicht vollendete ist, unsere Zeit.

Die Heliogravüre ist ein besonderes Tiefdruckverfahren, das im Druck feinste Abstufungen der Grautöne mit einer erstaunlichen Tiefenwirkung ermöglicht und so dem Gezeigten mit jeder Sekunde mehr Raum zu geben scheint. In einzigartiger Weise also verbindet das Reproduktionsverfahren der Heliogravüre die Dehnung der Zeit mit der Tiefe des Raums. Der Titel der gesamten Serie *Nocturnes à Giverny* schließlich gibt ein Stück vor,

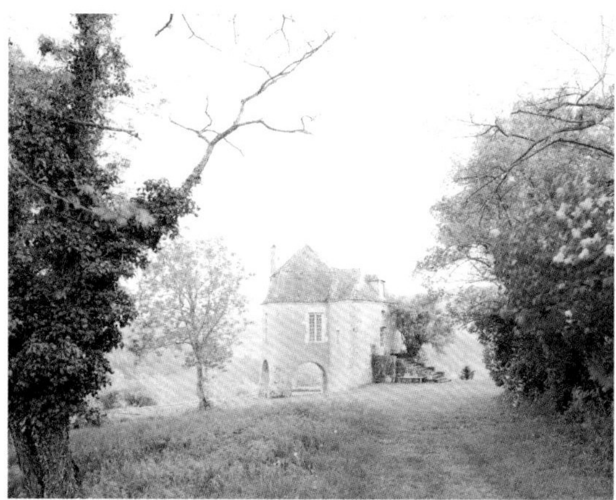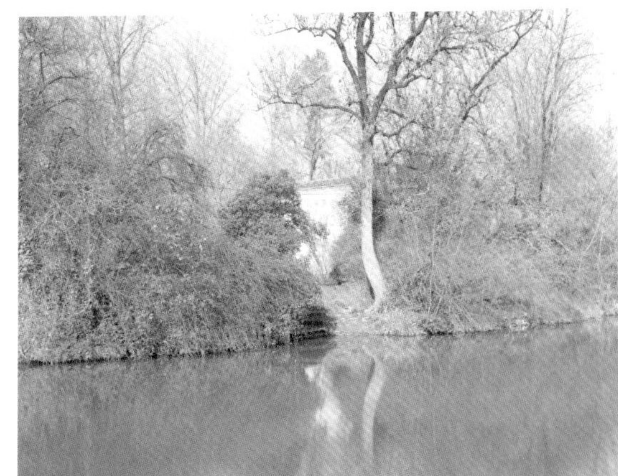

das musikalisch anklingt, insbesondere aber die Zeit der Nacht benennt, in der die Sichtbarkeit der Dinge abnimmt, Erscheinen und Verschwinden eins mit dem Blick werden, der gestirnte Himmel der Nacht keine Schatten der Zeit über die Dinge wirft und die Dinge, die Blätter, die Gesteine, die Bäume und das spiegelnde Wasser zueinander ihre eigene Zeit entfalten.

Der Blick, einmal gesetzt auf die großformatigen Bilder, trifft auf Spiegelungen anstelle der Schatten, hebt Licht aus dem Dunkel und erfasst mit jedem Detail eine andere Konstellation der angelegten Natur. Jedes Blatt und jeder noch so kleine Ast nehmen das Licht mit der Zeit auf, die Zeit mit dem Licht, und die Langzeitbelichtung umstreift die Dinge mit einer Aura des Lichts, keine abgeschattet geführte Helligkeit, sondern ein über die Natur sich gleichmäßig legendes Licht, das jede Regung still beschützt und mit Licht behaucht. Die Dunkelheit wird zu einem werdenden Licht. Die Faszination dieser Bilder rührt auch daher, dass wir selber in jene Dauer gesetzt werden, die als fortgesetzte, kontinuierliche Zeit den Bildern ursprünglich war, wir gleichsam mit unserem Blick den Momenten uns anverwandeln, die zwischen Öffnung der dunklen Kammer und, einmal genügend Licht aufgenommen, ihrem Verschluss lagen. Wir begegnen, würde Henri Bergson sagen, einer Kontinuität des Werdens, bis das Bild aus dem Dunkel zum Licht emportaucht und sich zu einem für uns gegenwärtigen Bild entfaltet. Monets Seerosenteich liegt ruhig mit der japanischen Brücke im Mittelpunkt, zentralperspektivisch geöffnet von den Seeufern links und rechts, die den Blick führen, reflektiert von dem in der langen Belichtung zum Spiegel erstarrten Wasser in der unteren Bildhälfte und nach oben geweitet von einem hellen Himmel, an dem die Erdkugel entlangglitt und einen Sternenflor mit sich zog, der seine Spuren wie Riefen im Glas hinterlassen hat, himmlische Kratzer.

Nun ist die Photographie als eine Guillotine der Zeit (Nietzsche), als eingefrorene Gegenwart (Kracauer), als Auslöschung der Erinnerung (Thomas Bernhard), als werdender Tod (Roland Barthes) beschrieben und stets begriffen worden als ein Ende des Werdens eben jener Konstellation von Zeit und Raum, die Eingang ins Bild fand. Jedoch dieses «Ende», diese Endlichkeit der Momente, die zur Aufnahme führten, bleibt dem Bild als ein werdendes Ende gleichwohl erhalten. Eben diese Endlichkeit ist es, die wir zur Bestimmung des Moments der Gegenwart heranziehen. Ist etwas im Licht der Photographie gewesen, dann war es gegenwärtig, dann «ist es gewesen». «Es» gilt der Konstellation, die aber nicht einen Moment, sondern eine Vielzahl von Momenten umfasst, die gleichzeitig und ungleichzeitig Eingang in die Aufnahme gefunden haben, in einer Dauer unterschiedlicher Zeiten, je nach dem Vermögen der Dinge, zum Licht zu streben und es zu reflektieren. Und «gegenwärtig» dann ist das fortdauernde Werden eben dieser Verflechtung von Momenten im photographischen Bild. Henri Bergson hatte über die Dauer als einem Werden geschrieben, das Zeit und Raum in je andere Bezüge zueinander, in Bezüge der Mannigfaltigkeit, der «multiplicité» stellt.

Die Kunst von Elger Esser scheint mir diese Bezüge aufzunehmen, nicht bewusst, sondern bildhaft liest er Momente der Erinnerung auf, zu der «wogenden Zone» der «bestbeleuchteten Punkte [...] in einem Fließen ohne Ende.[2]» In der Wahrnehmung lassen sich nicht Momente der Zeit bewahren, um sie anderen hinzuzufügen, es gibt keine kumulative Wahrnehmung, jeder Eindruck wird von dem kommenden affiziert und setzt sich in die Vielfalt möglicher Beziehungen. Nicht ein Moment, einmal im Zug der Zeit bewegt, kehrt je in seine Mulde der Zeit zurück. Entscheidend ist die Konstellation der Wahrnehmung, die Bewegung des Menschen im Raum, die nicht minder von hurtigen Impressionen getrieben ist als die verhaltene, doch bestimmte Schnelligkeit, in der unsere Erdkugel sich dreht. Elgers Essers Werk gilt nicht dem Objekt, nicht der Architektur, der Landschaft, gar dem Menschen, überhaupt nichts, das wir berühren, fassen oder bewahren könnten, seine photographische Kadrierung sucht das Verschwinden in der Erscheinung, das Vergessene in der Erinnerung, die Latenz der Begegnung, die in der Berührung der Blätter im Geäst

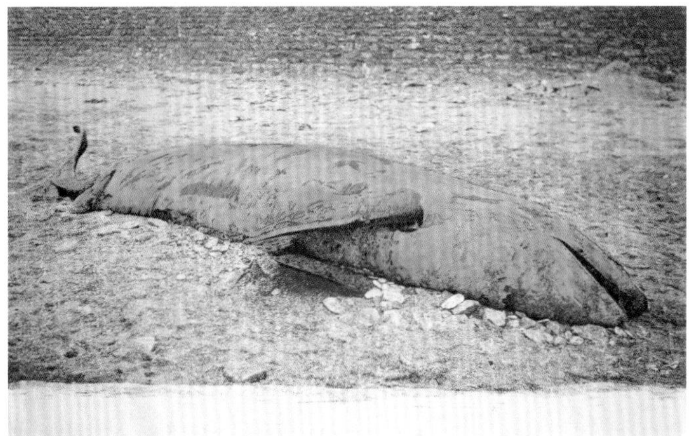

des Baumes oder der Spiegelung im Seerosenteich wartet. In seinen Bildern sucht er und suche ich als sein Betrachter die Berührung von mindestens zwei oder auch von einer Vielzahl distinkter Momente der Zeit, die kraft des Kontinuums einer langen Belichtung sich diskontinuierlich entdecken.

In *Im Schatten junger Mädchenblüte* hatte Marcel Proust das Gedächtnis mit den Auslagen der Schaufenster von Geschäften verglichen, die mal diese, mal jene Photographie der gleichen Person ausstellen, von der wir gewöhnlich aber nur die letzte in Erinnerung behielten. Elger Esser, nicht nur hier mit der Serie der *Nocturnes*, fächert diese Reihung von Ersetzungen nächtens auf. Geübt ist er darin durch eine rigide, formale Sprache, die dem gebrochenen Klassizismus eines Baudelaire entspräche, rhetorische Tropen wie etwa die Allegorie mit neuen, anderen Inhalten zu besetzen. Die Bilder bestechen in der klassischen Komposition, die Füllung des Bildraums ist oft geradezu kalkulierbar in die Proportionen des Goldenen Schnitts gesetzt. Auch das Sujet, ob Monets Garten, andere versteckte Orte in der von Baudelaire, Flaubert und Proust belebten Normandie, der von Delacroix, Corot, Courbet und Boudin gemalten normannischen Küste oder die vergrößerten Ausschnitte aus der umfangreichen, der Atlantikküste der vorletzten Jahrhundertwende gewidmeten Sammlung von Postkarten, die Brücken, Veduten und Landschaften: das Sujet bei Elger

Esser kommt einem *fait divers* gleich, der gestrandete Wal, ob zu Beginn des 20. Jahrhunderts oder im pointierten Ausschnitt ein Jahrhundert später. Der Raum in diesen Bildern ist ein Raum, der nicht zu den Ansichten führt, der Pfad John Ruskins zwischen Unschärfe und Schärfe, sondern einer, der mit den Dingen in der Zeit erst entsteht. Natürlich hat sich Elger Esser dem Garten Monets in Giverny nicht zufällig gewidmet. In Giverny begann Monet parallel zum Aufbau des Gartens als eigenem landschaftlichem Kunstwerk mit einer Malerei in Serie, von den *Heuschobern* bis zu den *Seerosen,* Malereien des Augenblicks, deren Vollendung gleichwohl in der Reihung zum Werk, den *Seerosen* in der Rotunde der Orangerie in Paris, er suchte, wo sie sich «zu einer Totalität ergänzen» und «alle Teile einer Serie noch einmal eine Einheit bilden», bevor dann die serielle Malerei anbricht.[3] Zu den Bildern der Heuschober schrieb Monet an Gustave Geoffroy: «verharre gerade bei einer Serie verschiedener Ansichten, aber in dieser Jahreszeit geht die Sonne schnell unter, dass ich ihr nicht folgen kann [...] ich werde langsam beim Arbeiten, so dass ich verzweifle. Je älter ich werde, desto mehr begreife ich, dass man viel arbeiten muß, um dahin zu gelangen, das wiederzugeben, was ich suche: die «Momentaneität», speziell die atmosphärische Einbettung der Dinge und das sich überall ausbreitende Licht.»[4] Elger Esser kehrt die «Einbettung der Dinge» gleichsam um, indem er die Dinge im werdenden Licht den Raum bestimmen und die «Momentaneität» zum gedehnten Augenblick der Belichtung werden lässt. Denn niemals hat er selbst sehen können, was die Bilder in der Dauer zu Gesicht gebracht haben.

Die komplexe Mannigfaltigkeit der zeitlichen Eindrücke, der Erfahrung von Zeit, hatte Henri Bergson mit dem Beispiel beschrieben, wir führen mit dem Finger eine Fläche entlang. Entweder wir erfahren die Berührung in der Dauer, dann können wir keine einzelnen Momente der Berührung aus der Bewegung loslösen. Oder aber wir nehmen eine Folge von Momenten wahr, dann können wir jeden der Momente als einen distinkten definieren und die Bewegung als das Resultat. Dann aber, so Bergson, haben wir bereits den Eindruck des Raumes und der möglichen Reversibilität einer bestimmten Folge in der Zeit, wir stellen uns den Raum vor, der Raum wird zur Repräsentation. Wäre es so, dann müssten wir jeden einzelnen Moment separieren können, unter der notwendigen Missachtung der zeitlichen Mannigfaltigkeit allerdings, dass jeder Moment sich je anders zu dem hervorgehenden wie auch dem nachfolgenden verhält.[5] Wir sehen immer nur die letzte der Photographien in der Auslage, wie Marcel Proust es schrieb, die zuletzt gewordene Zeit, aber jede der vorangegangenen Photographien «der gleichen Person» hat die Empfindung unseres Blicks geprägt. Die nächtlichen Aufnahmen von Elger Esser sind nicht «reine Dauer» der

Belichtung, sie verdichten allegorisch die dämmernde Arbeit der Erinnerung *und* des Vergessens, sind Auslöschung und erlesene Momente der Restitution zugleich.

In *Giverny II* ist das Licht vom vorüberziehenden Mond getränkt, es erinnert mich an die älteste Photographie, von Nicéphore Niépce in St. Loup de Varennes, eine Belichtung von vielen Stunden, die im Bild verdichtet sind und eine ungesehene Welt offenbaren, oder auch an die Chronophotographien von Etienne Jules Marey, dem Zeitgenossen von Monet, dessen Studien die Zeit ohne Dauer in ein Stakkato setzen. Die langen Belichtungen des Einzelbildes von Marey fixieren nicht die Zeit als Dauer, sondern die zu Momenten segmentierten Bewegungsabläufe. Die *Nocturnes* von Elger Esser aber zeitigen beide und mehr. Als «kristalline» Bilder im Sinne von Gilles Deleuze führen sie Geschichte, Gegenwart und Zukunft vor, vereinen eine Realität und eine Virtualität und weisen jegliche Virtualität als eine gespiegelte Realität aus. Die *Nocturnes* von Elger Esser sind nicht minder komplex als es die Fähigkeiten der menschlichen Wahrnehmung und des Gedächtnisses sind, der «Penelopearbeit des Eingedenkens» (Walter Benjamin) und des Vergessens. Die Bilder selber, die Hebungen der Dinge aus dem Dunkeln durch das Licht und die eigene Konstellation der Realität durch die Dauer der Belichtung, bilden den Hymen vor den Verzweigungen und Spiegelungen der Dinge. Monet sprach davon, in seinem großen, Raum bildenden und Zeit gebenden Seerosen-Panorama «eine Woge ohne Horizont und Ufer» zu vermitteln, alle Bezüge der Realität in die Verantwortung der Betrachtung, in die Aufgabe der Übersetzung zu legen, Elger Esser nun geht zurück in die Zeit von Marcel Proust, von Claude Monet, spiegelt die Zeit nächtens im Garten von Giverny und fördert in dem Licht heute eine Dauer zutage, der ein Ende immer nur vorläufig beschieden ist, als ein Abschnitt, in dem die Spiegelungen der Zeiten die Barke uferlos schwimmen lassen und jede Ankunft nur ein Fortgang aus der Begegnung mit dem Vergangenen bedeutet.

Die *Nocturnes à Giverny* stellen das Licht in das Morgen.

1 Zit. nach Karin Sagner, *Monet in Giverny*, München, Berlin, London, New York 1994, S. 7.

2 Henri Bergson, *Schöpferische Entwicklung*, aus dem Französischen von Gertrud Kantorowicz, Jena 1921, S. 10.

3 Gottfried Böhm, «Werk und Serie. Probleme des modernen Bildbegriffs seit Monet», in: Karin Sagner-Düchting (Hrsg.), *Claude Monet und die Moderne*, Kunsthalle der Hypo-Kulturstiftung, München, London, New York 2001, S. 162.

4 Zit. nach Karin Sagner, *Monet in Giverny*, München, Berlin, London, New York 1994, S. 30.

5 Vgl. Henri Bergson, *Essai sur les données immédiates de la conscience*, Paris 1946, S. 76. Und hierzu Gilles Deleuze, *le bergsonisme*, Paris 1966, S. 31ff und ders., *Cinéma 2. L'image-temps*, Paris 1985, S. 92ff

COMBRAY (GIVERNY I)

Frankreich, *France* (Haute-Normandie, 27 Eure) 2010
Heliogravur auf Büttenpapier
Heliogravure on hand-made paper
117 × 133 × 6 cm

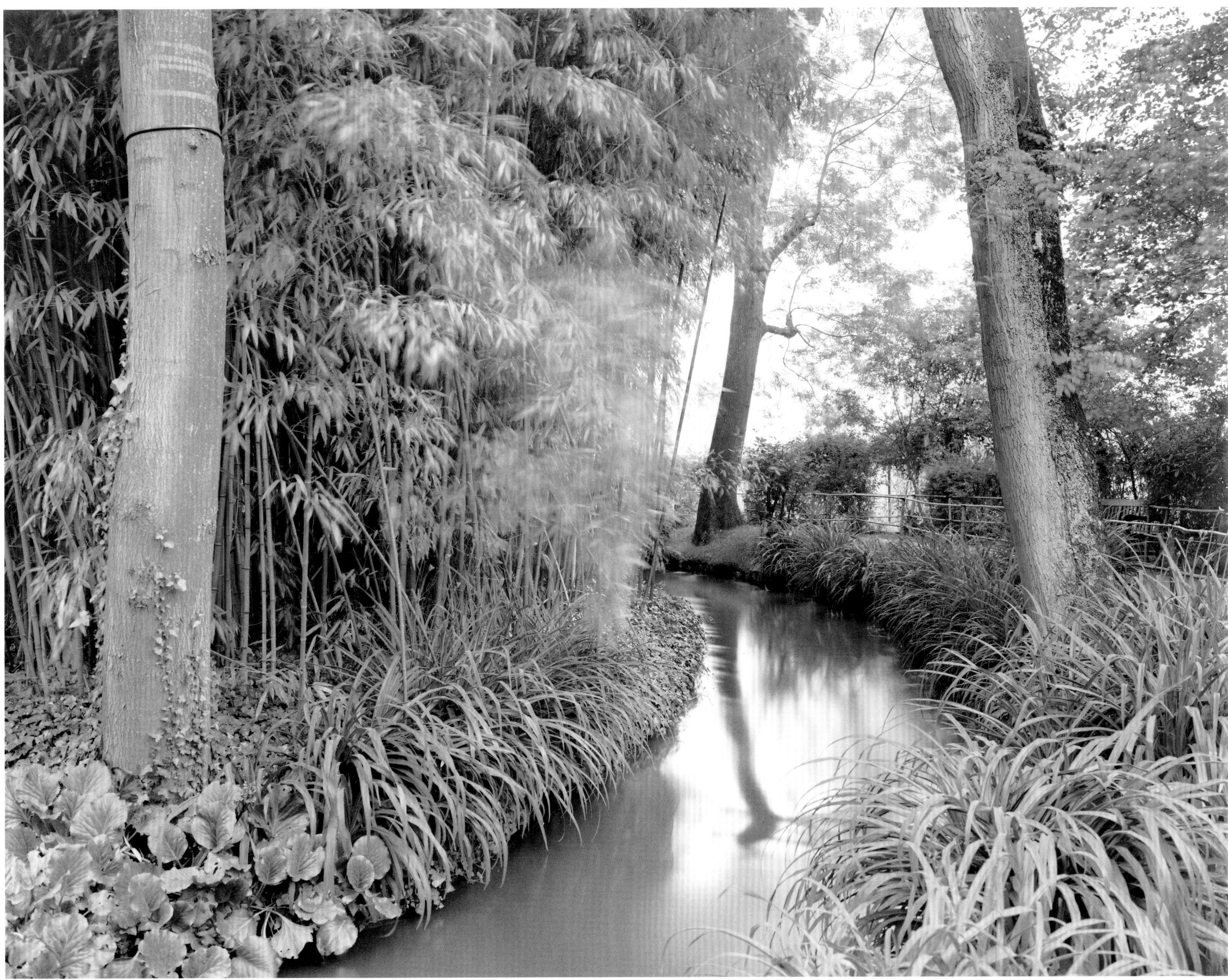

COMBRAY (GIVERNY II)

Frankreich, *France* (Haute-Normandie, 27 Eure) 2010
Heliogravur auf Büttenpapier
Heliogravure on hand-made paper
117 × 133 × 6 cm

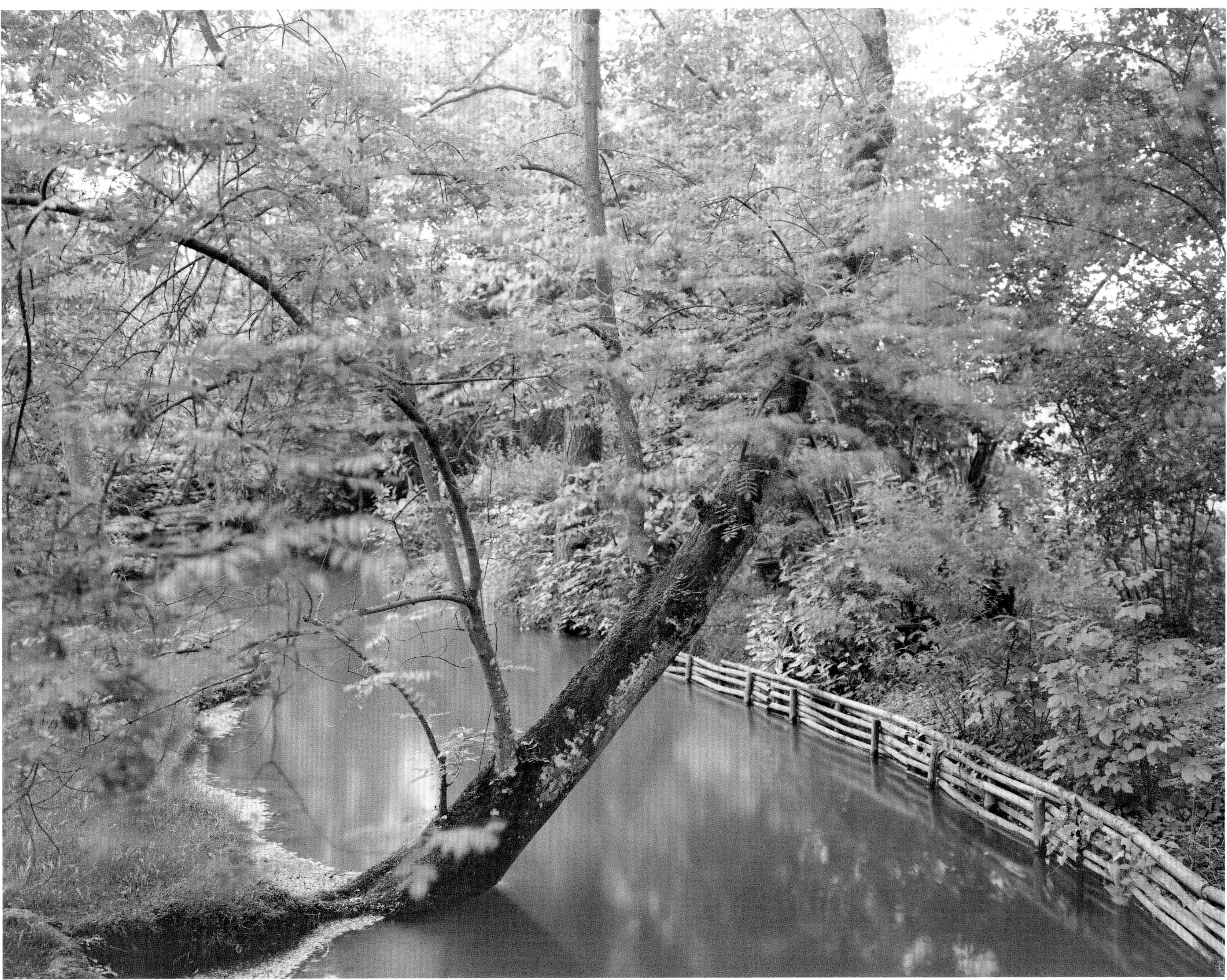

COMBRAY (GIVERNY III)

Frankreich, *France* (Haute-Normandie, 27 Eure) 2010
Heliogravur auf Büttenpapier
Heliogravure on hand-made paper
117 × 133 × 6 cm

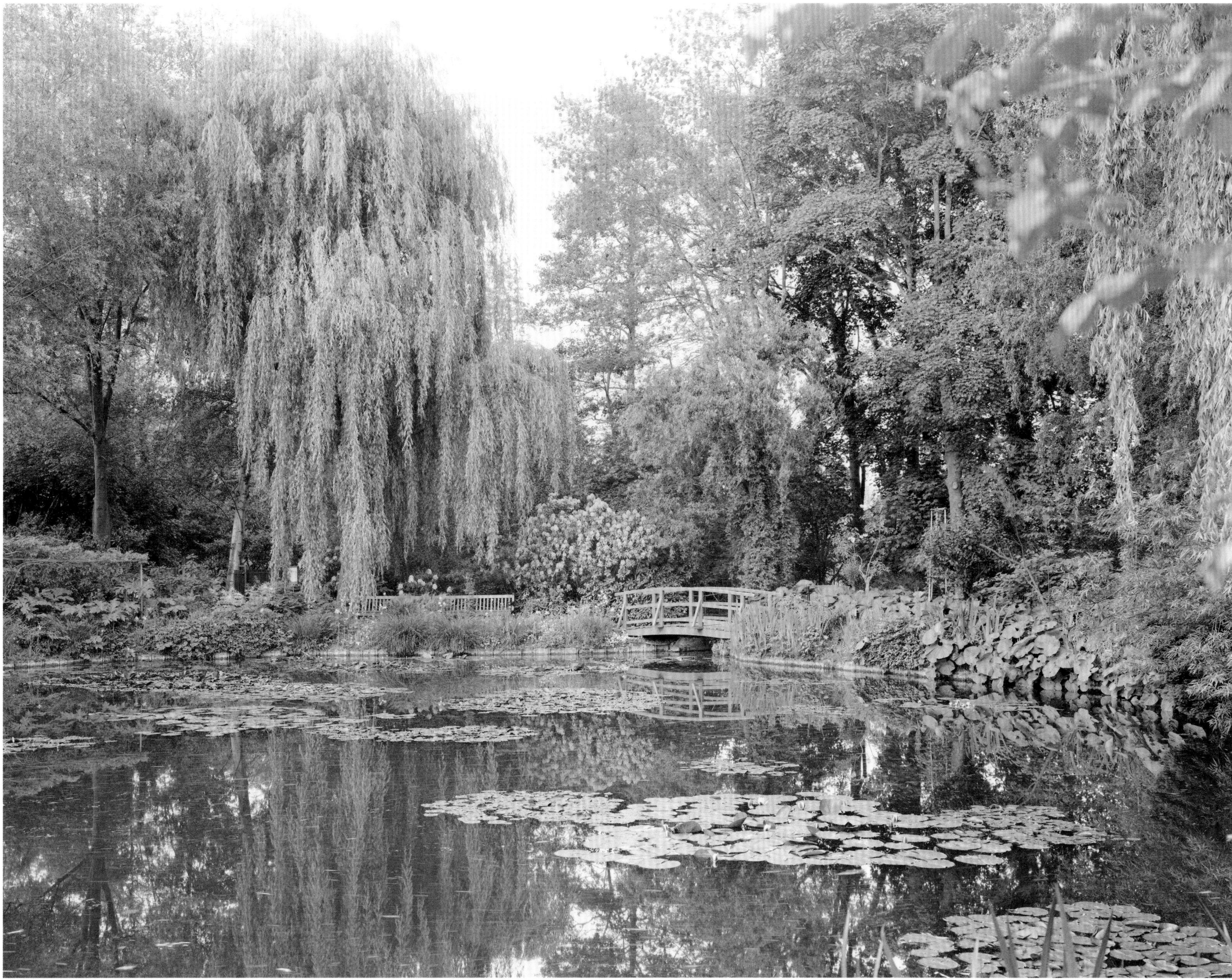

COMBRAY (GIVERNY IV)

Frankreich, *France* (Haute-Normandie, 27 Eure) 2010
Heliogravur auf Büttenpapier
Heliogravure on hand-made paper
117 × 133 × 6 cm

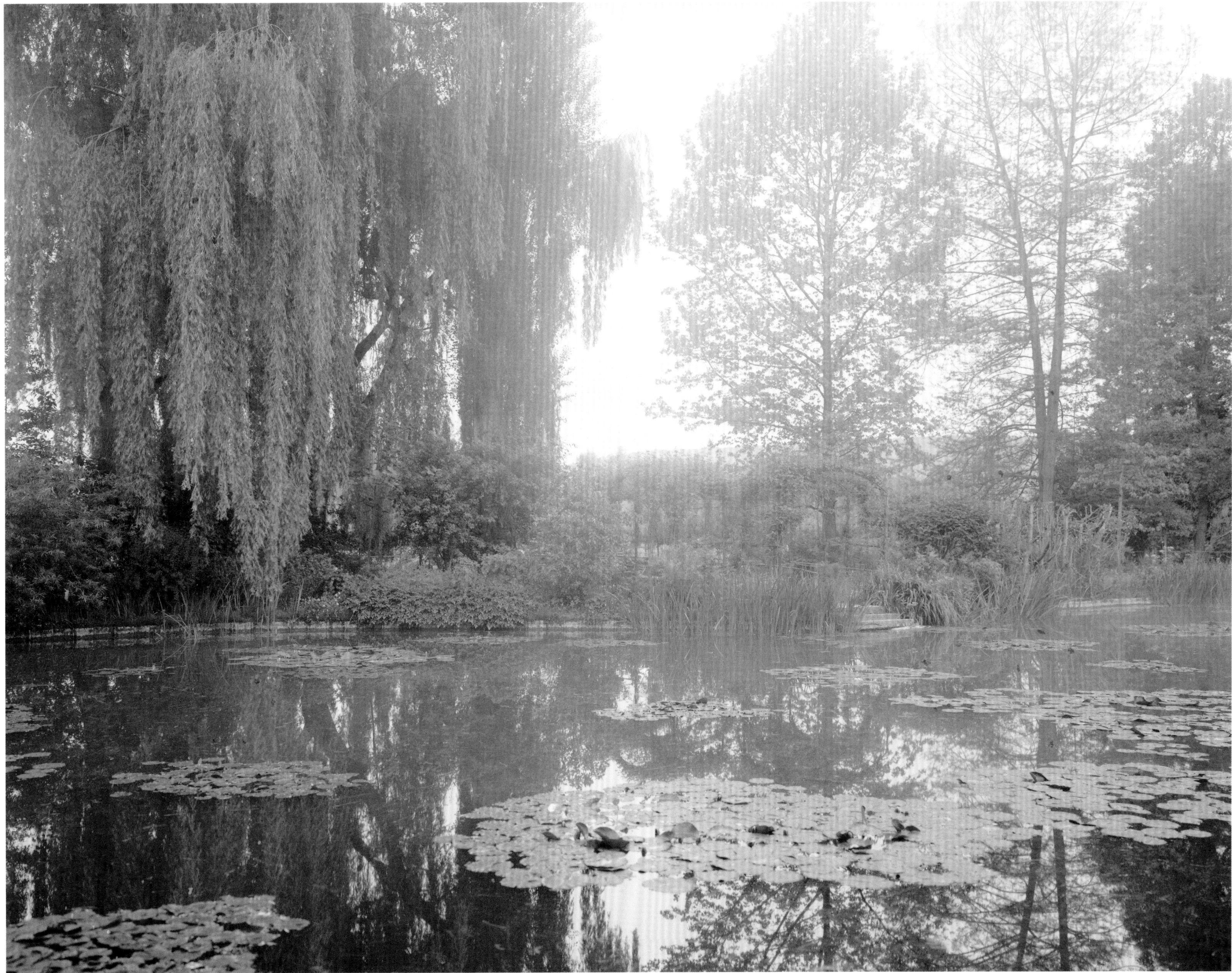

COMBRAY (GIVERNY V)

Frankreich, *France* (Haute-Normandie, 27 Eure) 2010
Heliogravur auf Büttenpapier
Heliogravure on hand-made paper
117 × 133 × 6 cm

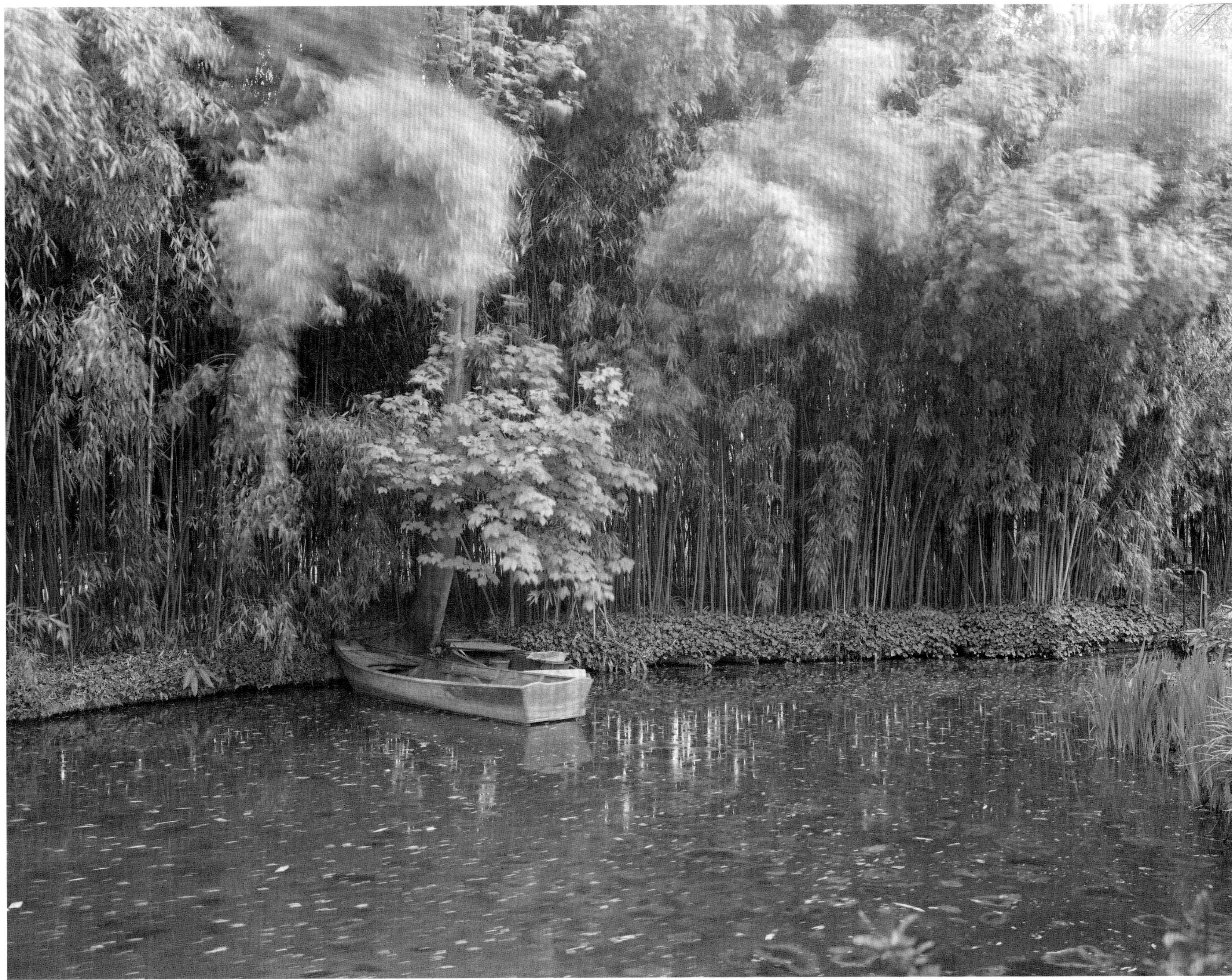

GIVERNY VII

Frankreich, *France* 2010
C-Print, AluDibond / Forex
184 × 234 × 4 cm

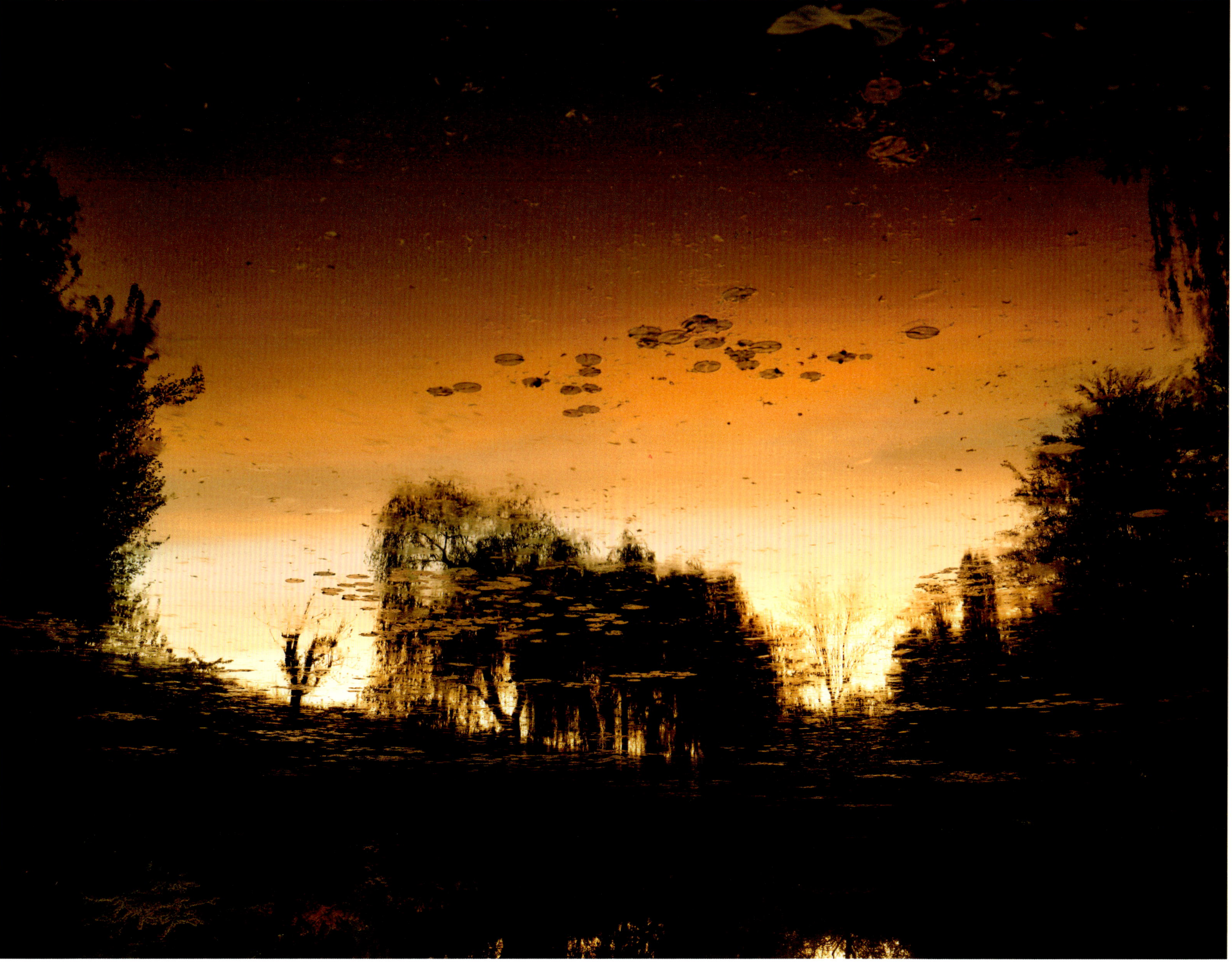

GIVERNY I

Frankreich, *France* 2010
C-Print, AluDibond / Forex
184 × 229 × 4 cm

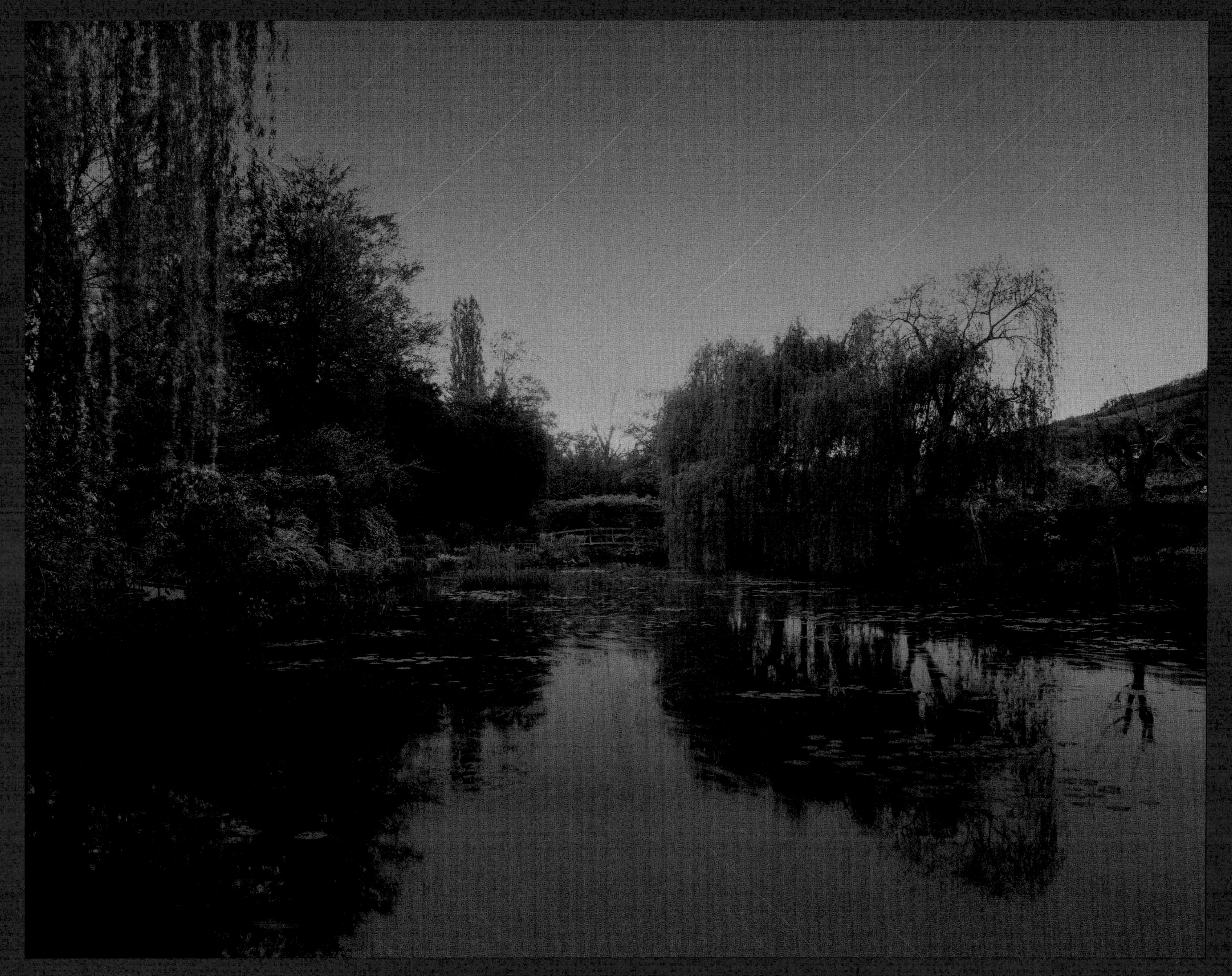

GIVERNY II

Frankreich, *France* 2010
C-Print, AluDibond / Forex
184 × 232 × 4 cm

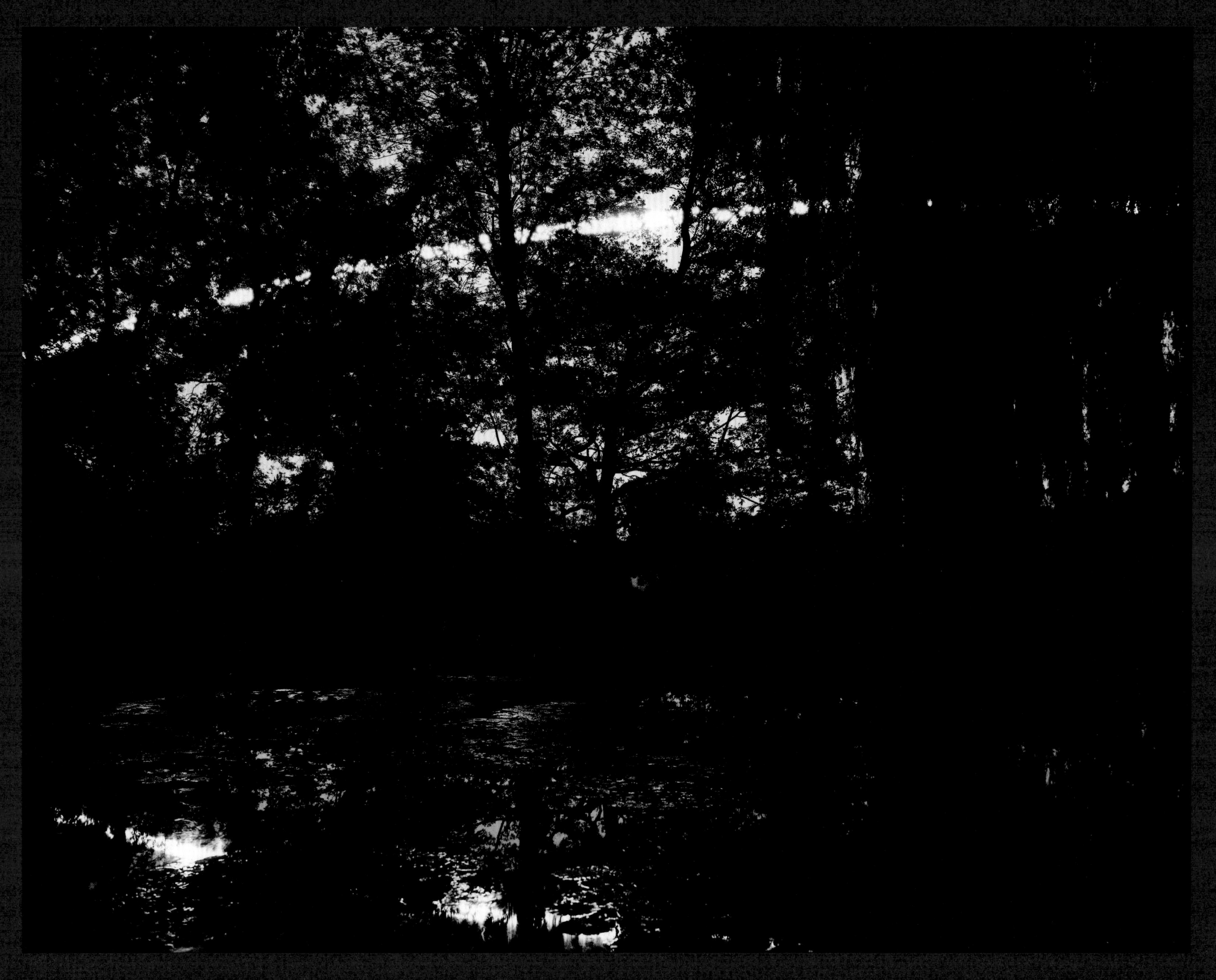

GIVERNY III

Frankreich, *France* 2010
C-Print, AluDibond / Forex
184 × 230 × 4 cm

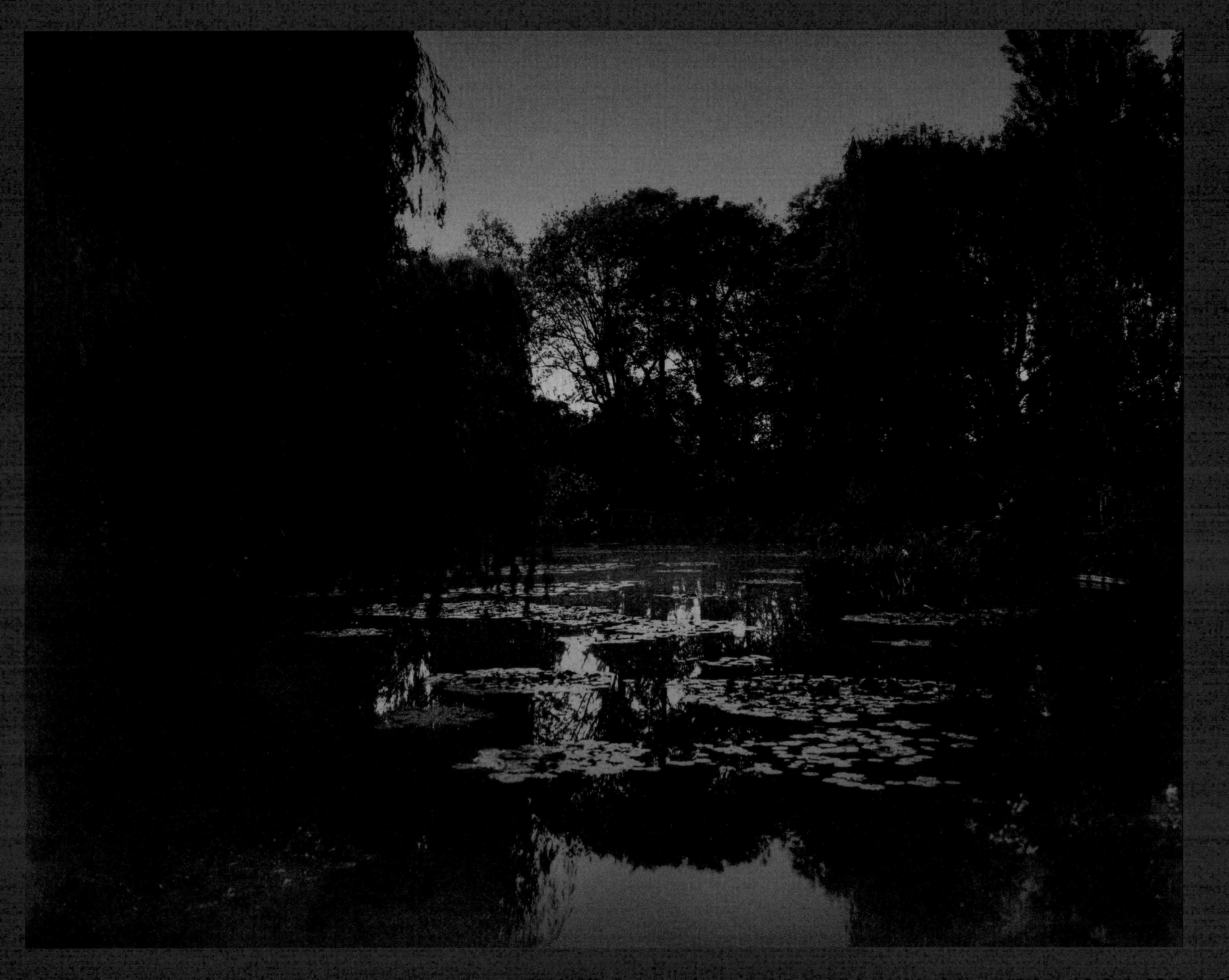

GIVERNY IV

Frankreich, *France* 2010
C-Print, AluDibond / Forex
148 × 184 × 4 cm

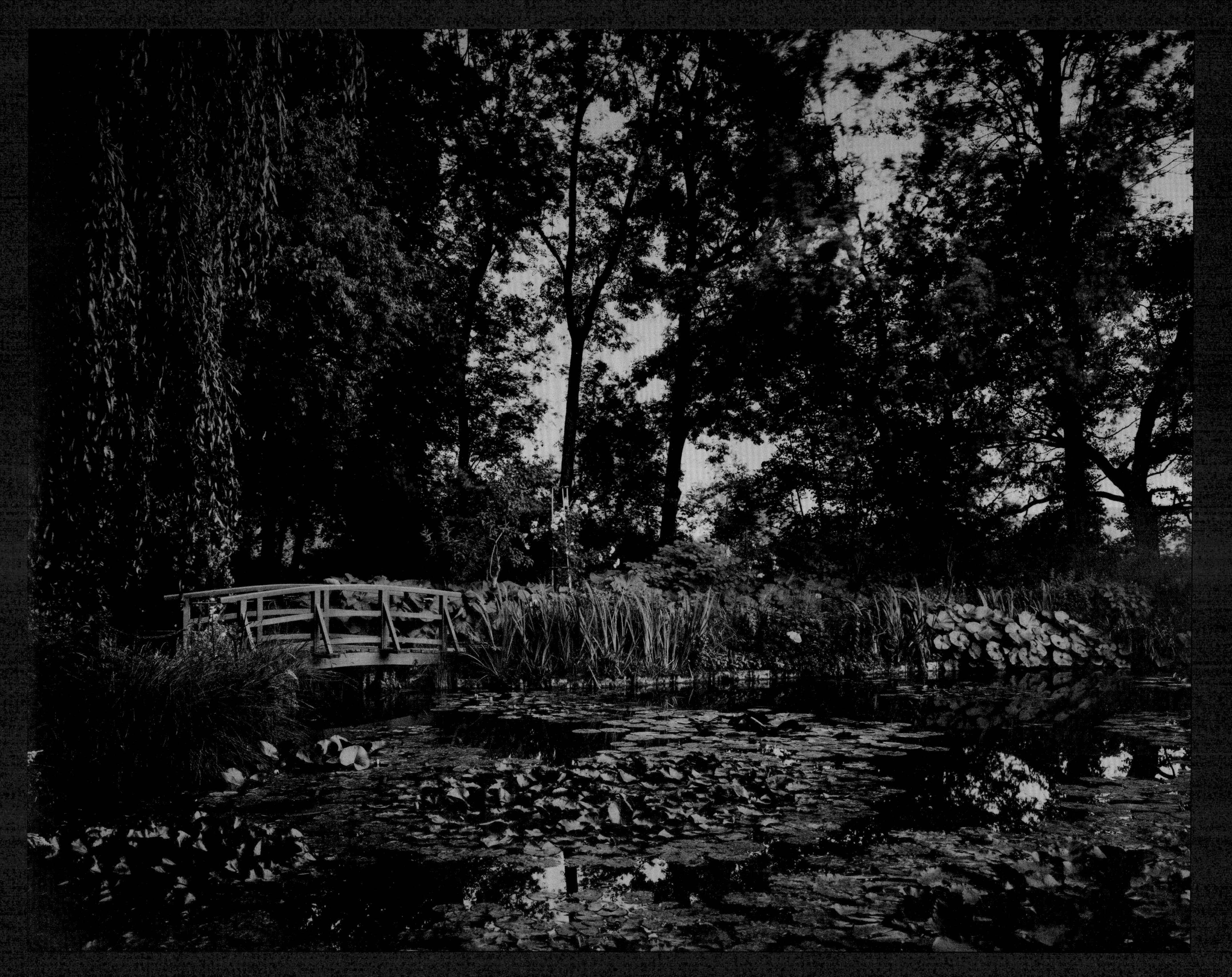

GIVERNY V

Frankreich, *France* 2010
C-Print, AluDibond / Forex
148 × 184 × 4 cm

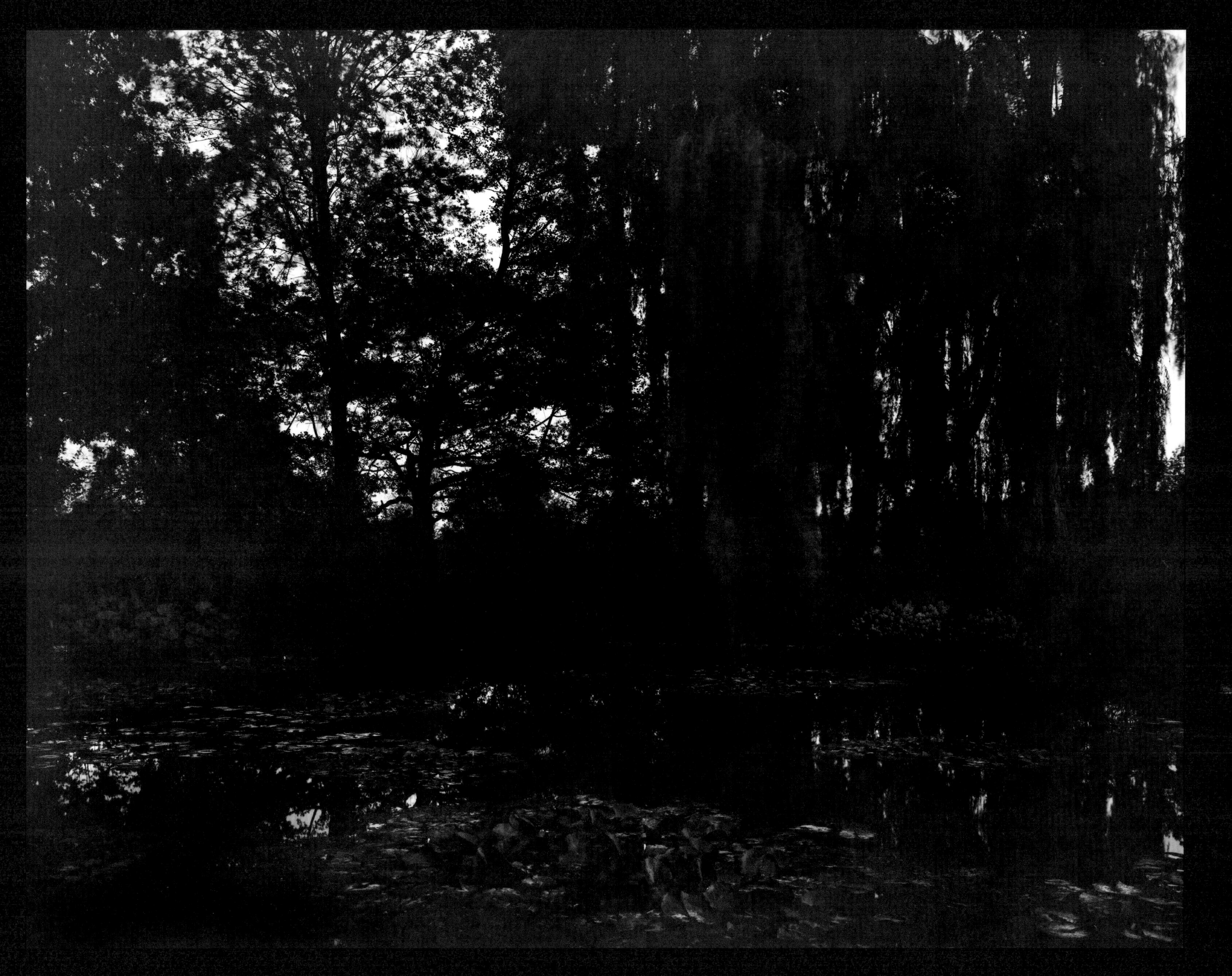

GIVERNY VI

Frankreich, *France* 2010
C-Print, AluDibond / Forex
147 × 184 × 4 cm

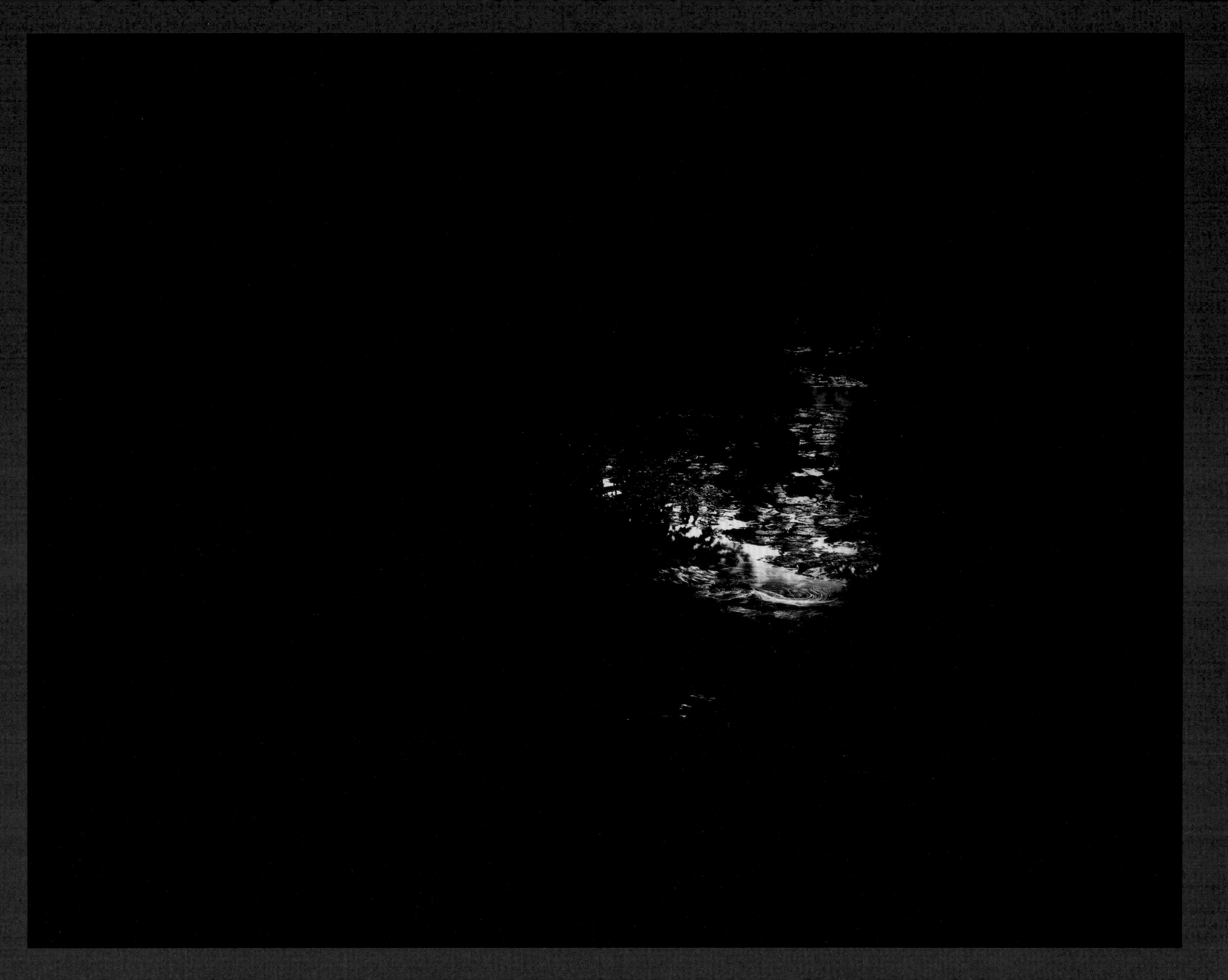

GIVERNY VIII

Frankreich, *France* 2010
C-Print, AluDibond / Forex
$123 \times 184 \times 4$ cm

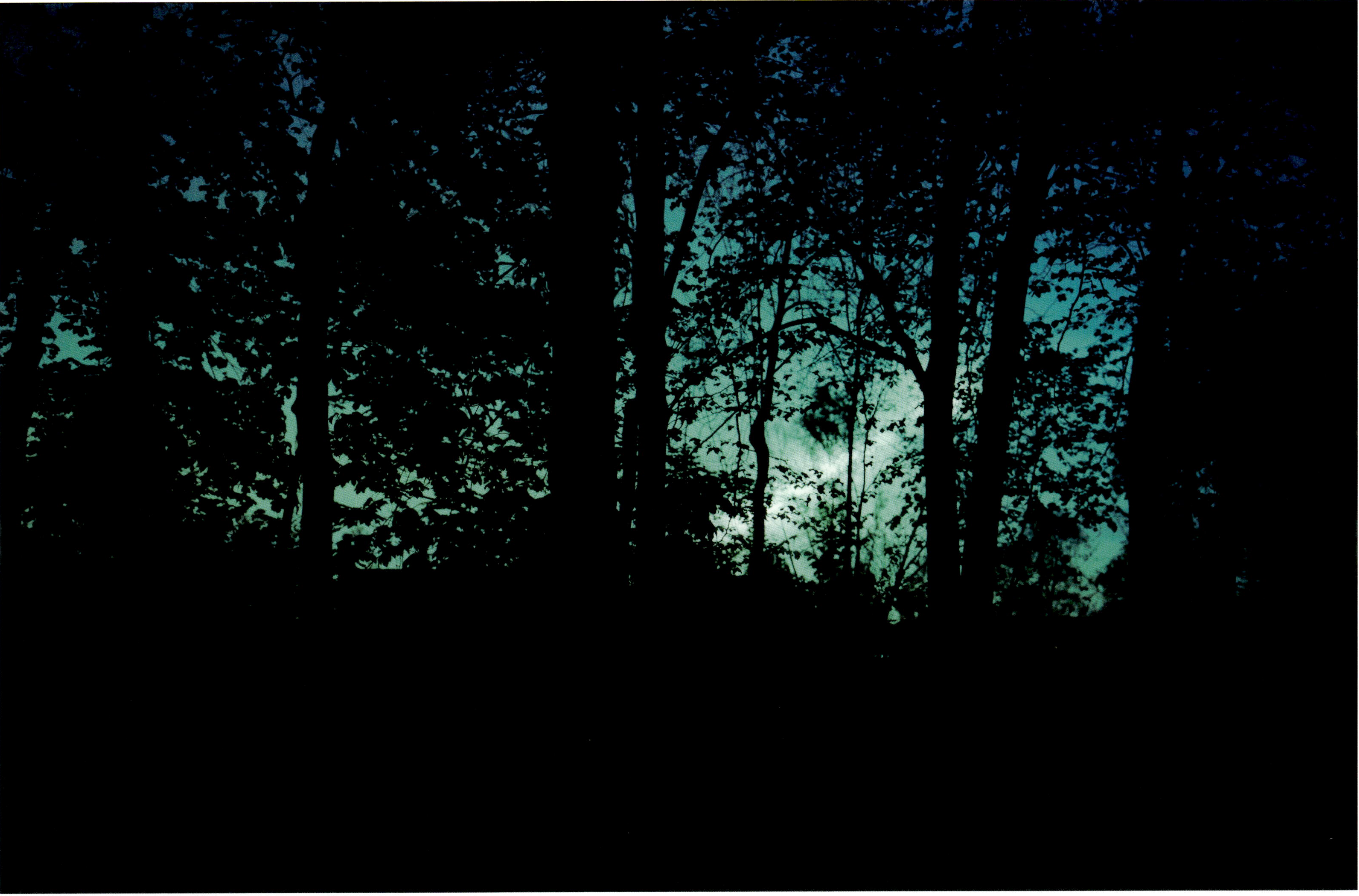

Hubertus v. Amelunxen

ELGER ESSER'S
NOCTURNALS

"The pause is measured by the time of my determination."
Stéphane Mallarmé, *The white water lily,* 1885

"Yes, imagination creates the landscape."
Charles Baudelaire, *Salon of 1859*

In the night-time, the lights roam about while nature settles into the folds of time. In the daytime, blinded by the light, the eye seeks to adjust in the dark until things appear anew and form a space whose expanses remain uncertain, until each new becoming further reinforces our uncertainty in a wondering about what we have left behind and what prospects are ahead.

One might think that the artist Elger Esser immersed his images in other times, as they are not at all contemporary, do not bear the "stamp of the present," which is the impression of future promise. Instead, past times peer out of those large photographic landscapes and vedutas. The views are so distant that at most they might enfold a present, our present time, by disregarding the present as if in a dream. In response to this view I say that Elger Esser is not a painting photographer, for then we would be verging on the picturesque, he is a writer among fine artists. And his choice of medium, the photograph, is grounded in the fact that he writes with light. If that decision required a champion at all, then that champion might be Paul Valéry, who clearly stated that we should stop describing with ink what inscribes itself with the help of silver nitrates. Elger Esser's images are saturated with time, but a time that places the moment into time, into a duration in which present seems past, and the past seems present and without end.

The cycle *Nocturnes à Giverny* puts forward a precise yet intricate frame of reference which I would now like to approximately specify. Giverny is the small town in Haute-Normandie where the French artist Claude Monet settled in 1883 at the age of 43. Having purchased the house and the garden belonging to it in 1890, Monet began to design both the garden and the artificial lily pond with painstaking attention to detail. Georges Clemenceau, a friend and later biographer of Claude Monet, described the garden's splendour as "poetry for eyes exhausted by the prose of life." He also described the water lily paintings Monet did there as artworks that take our perception to a new, different order of things.[1] The titles *Giverny I–VIII* mention the town of Giverny, and that Elger Esser photographed Monet's garden both at twilight and during the night can be gleaned from a comparison based on personal experience and with an eye to the photographs of the garden taken by Louis Vauxcelles on the occasion of a visit to Monet in 1905. The five heliogravures, however, in a reproduction technique used in the last third of the 19th century and scarcely known today, are entitled *Combray (Giverny I–V),* and also bear a reference to the country (France), the date (2010) and the precise geographical location (Haute-Normandie, 27 Eure). Eure is France's 27th departement, neighbouring on Eure-et-Loir, where Illiers-Combray is located. The small town of Combray was initially a fictional place described and rewritten by Marcel Proust in his *A la recherche du temps perdu (In search of lost time)* and based on the hometown of his parents, Illiers. In honour of the literary tribute thus paid to it, in 1971 Illiers renamed itself Illiers-Combray, thus incorporating the fiction and so raising the town to the level of fiction. Other heliogravures of France by Elger Esser are also called *Combray,* so that a particular significance extending beyond the visible work and regarding the location in time and spirit may well accrue to them too. Just as Illiers renamed itself Illiers-Combray, so too Combray stands for a past, a childhood, a past becoming, whose present has not yet started, or even ended, as if Combray stood for a nameless time named, for a place only accessible in an image, in imagination, whose time is one that is only partially raised and is far from being over, our time.

The heliogravure is a special intaglio printing process that facilitates the finest nuances in the grey shades and so creates an astonishing effect of depth that, with every second, seems to create more space for what is shown. The reproduction process of the heliogravure therefore uniquely links the stretching of time with the depth of space. Finally, the title of the whole series, *Nocturnes à Giverny,* specifies a piece that resounds musically, but that particularly names the time of night, when the visibility of objects wanes, appearing and disappearing become one with the gaze, the starry sky of night throws no shadow of time over the objects, and these, the leaves, stones, trees and reflecting water, unfold their own time over one another.

The gaze, once settled on the large-format images, encounters reflections instead of shadows, raises light from the darkness, and with each detail grasps another constellation in the layout of nature. Every leaf and every branch, however small, absorbs light over time, absorbs time with light, and the long exposure brushes things with an aura of light, not shadowed brightness, but a light laid smoothly over nature, quietly protecting each movement and breathing light on it. Darkness becomes an emergent light. The fascinating thing about these images is that we ourselves are set into that duration which, as continued, continuing time, was original to the images; that we appropriate through our gaze, as it were, the moments between the opening of

the dark chamber and its closing, having taken up enough light. Henri Bergson would say that we were encountering a continuity of becoming, until the image rises up to the light from out of the darkness and unfolds into an image that is present for us. Monet's lily pond with the Japanese bridge in the middle lies still, given a central perspective by the banks left and right guiding our gaze, reflected in the lower part of the image in the water which the long exposure has turned into a mirror, then broadened upwards by a bright sky in which the terrestrial sphere glided, trailing a gauze of stars which, like striae, has left traces in the glass, heavenly scratches.

Photography has of course been described as a guillotine of time (Nietzsche), as frozen presence (Kracauer), as the extinction of memory (Thomas Bernhard), as emergent death (Roland Barthes), and has always been understood as the end of the becoming of that very constellation of time and space that entered into the image. Yet that "end," that finitude of the moments that led to the photograph, still remains preserved in the image as a becoming end. It is this very finitude that we call upon to determine the moment of the present. If something was in the light of the photograph, then it was present, then "it was." "It" applies to the constellation which embraces not one moment but a number of moments that entered simultaneously and non-simultaneously into the photograph, in a duration of different times, depending on the capacity of

objects to strive towards and reflect the light. What is then "present" is the continuing becoming of this very mesh of moments in the photographic image. Henri Bergson wrote of duration as a becoming that places time and space in respectively different relations to each other, relations of multiplicity.

Elger Esser's art seems to me to take up these relations. Not consciously, but pictorially, he picks up moments of memory to serve the "undulating zone" of the "best lit points ... in a flow without end."[2] Perception does not preserve moments of time so as to add them to others; there is no cumulative perception. Each impression is affected by the coming one and places itself in the diversity of possible relations. Once moving in the train of time, no one moment ever returns to its trough of time. The decisive thing is the constellation of perception, man's movement in space, which is driven no less by sprightly impressions than by the reserved yet definite speed at which our earth revolves. Elger Esser's work is devoted not to the object, to architecture, landscape, even man, nothing that we could touch, grasp or preserve. His photographic frame seeks disappearance in appearance, forgetting in memory, the latency of the encounter awaiting in the touch of the leaves in the boughs of the trees or the reflection in the lily pond. He seeks in his images, and I as his observer also seek, the touch of at least two or a greater number of distinct moments of time which, thanks to the continuum of a long exposure, are discovered intermittently.

In *A l'ombre des jeunes filles en fleurs (Within a budding grove)* Marcel Proust compares memory with displays in a shop window, showing now this, now that photograph of one and the same person, and of which we usually only remember the last one. Elger Esser, and not just here in his *Nocturnes* series, fans out this sequence of substitutions at night-time. Thanks to a rigid formal idiom corresponding to the shattered classicism of a Baudelaire, he is practised at giving new and different contents to rhetorical tropes such as the allegory. The images captivate us by their classical composition, the proportions of the pictorial space are often well-nigh predictably those of the golden section. Esser's subjects too, be that Monet's garden, other obscure places in a Normandy enlivened by Baudelaire, Flaubert or Proust, the Normandy coast painted by Delacroix, Corot, Courbet or Boudin or enlarged excerpts from the extensive collection of postcards dedicated to the turn-of-the-nineteenth-century Atlantic coast, the bridges, vedutas and landscapes, resemble a *fait divers,* the stranded whale either in the early 20th century or in the greater detail a century later. The space in these images is one that does not lead to views, John Ruskin's path between blurredness and sharpness. Rather it is one that only emerges with the objects in time. It goes without saying that Elger Esser did not devote his attention to Monet's garden by

coincidence. Parallel to laying out his garden as a landscaped artwork in itself, in Giverny Monet began painting in series, ranging from the Hay Stacks to the Water Lilies. These are paintings of the moment whose completion he nevertheless sought in the sequence, the Water Lilies in the rotunda of the Orangerie in Paris, where they "become a complementary totality" and where "all parts of a series again form a unit", before the dawn of serial painting.[3] Commenting on the haystack paintings, Monet wrote to Gustave Geoffroy: "I'm persevering with a series of different views, but at this time of year the sun sets quickly so that I can't keep up ... I'm getting so slow at working that I'm becoming desperate. The older I become, the more I realise that I have to work a lot to succeed in reproducing what I seek: the immediate (instantané), in particular objects embedded atmospherically, and the diffusion of the light."[4] Elger Esser reverses, as it were, the "embedding of objects" by letting the objects determine space in the emerging light, and letting the moment become the extended instant of the exposure. For he himself could never have seen what the images bring out through the duration.

Henri Bergson described the complex multiplicity of temporal impressions, the experience of time, using the example of a finger which we run along a surface. Either we experience the touch in its duration, in which case we cannot separate any individual moments of the touch out of the movement. Or else we

perceive a sequence of moments and so can define each of them as distinct, and the movement as the result. But then, to follow Bergson, we already have an impression of space and of the possible reversibility of a particular sequence in time. We imagine space, space becomes a representation. If that were so, then we would have to be able to separate each individual moment, albeit by necessarily disregarding the temporal multiplicity, namely, that each moment relates differently to the one before and the one after.[5] We always only see the last photograph in the display window, as Marcel Proust writes, the last moment to become time, yet each of the previous photographs "of one and the same person" has influenced the sensitivity of our gaze. Elger Esser's night-time photographs are not the "pure duration" of exposure, they allegorically condense the dawning work of remembering and of forgetting, are extinction and select moments of restitution, at one and the same time.

In *Giverny II* the light comes from the passing moon. It reminds me of the oldest known photograph, of Nicéphore Niépce in St. Loup de Varennes, exposed over many hours and those hours condensed in the image and revealing an unseen world. Or else the chronophotographs by Etienne Jules Marey, a contemporary of Monet's, whose studies render time without duration in staccato. The long exposures of Marey's individual images capture not time as duration, but rather the sequences of movements segmented into moments. Elger Esser's *Nocturnes* achieve both, and more. As "crystalline" images, in Gilles Deleuze's sense, they present history, present and future, unite a reality and a virtuality and designate any virtuality as a mirrored reality. Elger Esser's *Nocturnes* are no less complex than the capacities of human perception and memory are, the "Penelope work of remembrance" (Walter Benjamin) and of forgetting. The images themselves, light's raising of objects from the dark and reality's specific constellation in the duration of the exposure, constitute the hymen in front of the bifurcations and reflections of things. Monet spoke of achieving in his large water-lily panorama "a wave without horizon or shore" that shapes space and gives time, of allocating all reality's relations to the responsibility of observation, to the task of translation. Now Elger Esser goes back to the time of Marcel Proust and Claude Monet, mirrors time at night-night in the garden at Giverny and brings out, in today's light, a duration that is always only temporarily granted an end, as a section in which the reflections of the times let the boat sail without a shore, and in which every arrival merely means an advance from the encounter with the past.

The *Nocturnes à Giverny* put light into the morrow.

1   Quoted from Karin Sagner, *Monet in Giverny,* Munich, Berlin, London, New York 1994, p. 7.

2   Henri Bergson, *L'évolution créatrice (Creative Evolution),* Paris 1907, p. 7.

3   Gottfried Böhm, "Werk und Serie. Probleme des modernen Bildbegriffs seit Monet" in Karin Sagner-Düchting (ed.), *Claude Monet und die Moderne,* Kunsthalle der Hypo-Kulturstiftung, Munich, London, New York 2001, p. 162.

4   Quoted from Karin Sagner, *Monet in Giverny,* Munich, Berlin, London, New York 1994, p. 30.

5   See Henri Bergson, *Essai sur les données immédiates de la conscience,* Paris 1946, p. 76. See as well Gilles Deleuze, *le bergsonisme,* Paris 1966, pp. 31ff and id., *Cinéma 2. L'image-temps,* Paris 1985, pp. 92ff.

Hubertus v. Amelunxen

LES *NOCTURNES* D'ELGER ESSER

« La pause se mesure au temps de ma détermination. »
Stéphane Mallarmé, *Le Nénuphar blanc*, [*Œuvres*, p. 286] 1885

« Oui, l'imagination fait le paysage. »
Charles Baudelaire, *Salon de 1859*

La nuit les lumières volent au petit bonheur et la nature se dépose dans les plis du temps. Aveuglé, de jour, par la lumière, l'œil cherche à s'habituer à la pénombre jusqu'à ce que les choses réapparaissent, donnant naissance à un espace dont les limites demeurent incertaines et que chaque nouvel avènement renforce l'incertitude, nous poussant à deviner ce que nous avons laissé derrière nous et ce que nous avons face à nous, en perspective.

De l'artiste Elger Esser, on pourrait croire qu'il a plongé ses images dans d'autres temps, qu'elles n'ont donc rien de contemporain, ne portent pas cette «estampille du temps présent» dont l'empreinte promet un futur. On pourrait penser qu'au contraire ce sont des temps révolus qui émergent d'elles, ces grands paysages et ces grandes vedute photographi-ques, que si ces vues sont lointaines au point d'englober un présent, notre temps actuel, c'est d'une manière tout au plus onirique, c'est-à-dire faisant abstraction du présent. À cette idée je réponds qu'Esser n'est pas un photographe pratiquant la peinture – nous touchons ici au pittoresque –, mais qu'il est, parmi les artistes plasticiens, l'un de ceux qui travaillent avec l'écriture. Et le fait qu'il écrive avec de la lumière justifie qu'il ait choisi le média de la photographie. S'il avait fallu un parrain pour justifier cette décision, on pourrait en outre se référer à cette phrase sans ambiguïté de Paul Valéry selon laquelle on devrait arrêter d'écrire avec de l'encre ce qui s'inscrit de soi-même avec des nitrates d'argent. Les images d'Elger Esser sont imprégnées de temps, mais d'un temps qui place l'instant dans le temps, dans une durée où le présent apparaît comme passé, où le passé semble présent et ne trouve pas de fin.

Le cycle *Nocturnes à Giverny* constitue un cadre de référence précis, mais enchevêtré, que je voudrais cerner ici, dans un premier temps, sous une forme approximative. Giverny est une petite ville de Haute-Normandie ; le peintre Claude Monet s'y est installé en 1883, à l'âge de quarante-trois ans. Après avoir acheté la maison et le jardin attenant, en 1890, Monet a entrepris un réaménagement minutieux et détaillé du jardin et de l'étang aux nénuphars qui le jouxtait. Georges Clemenceau, ami et futur biographe de Claude Monet, qualifia la splendeur de ce jardin de « poésie pour les yeux lassés par la prose de la vie », et les *Nymphéas* qu'y créa Monet d'œuvres d'art qui ont mené notre perception à un ordre des choses nouveau et différent.[1] Les titres *Giverny I–VIII* désignent donc Giverny en tant que lieu. Une comparaison avec nos propres souvenirs, et un regard sur les photographies que Louis Vauxcelles a prises du jardin à l'occasion d'une visite chez Monet en 1905, montre qu'Elger Esser a photographié le jardin de Monet au crépuscule et pendant la nuit. Or les cinq héliogravures, images réalisées dans une autre technique de reproduction qui remonte au dernier tiers du XIXe siècle et n'est pratiquement plus en usage aujourd'hui, portent les titres *Combray (Giverny I–V)* et, outre le pays (France) et la date (2010) la localisation géographique précise (Haute-Normandie, 27, Eure). L'Eure est le 27ème département français, voisin de l'Eure-et-Loir où se trouve Illiers-Combray. La petite ville de Combray a dans un premier temps été une localité fictive, décrite et réécrite par Marcel Proust dans la *Recherche du temps perdu* d'après le modèle fourni par Illiers, le bourg dont était originaires ses parents ; par la suite, en 1971, en hommage au tribut littéraire qui lui avait été versé, elle fut rebaptisée Illiers-Combray, intégrant ainsi la fiction, à la hauteur de laquelle le bourg s'élevait du même coup. *Combray* est aussi le titre d'autres héliogravures réalisées en France par Elger Esser, de telle sorte qu'on peut leur attribuer une signification particulière, dépassant l'œuvre visible et liée à la localisation dans le temps et dans l'esprit. De la même manière qu'Illiers s'est rebaptisé Illiers-Combray, Combray incarne une enfance, un devenir passé dont le présent n'a pas encore commencé ou s'est même achevé, comme si Combray désignait un temps anonyme mais dénommé, un lieu où l'on ne peut pénétrer que dans l'image, dans l'imagination, et dont le temps est juste partiellement suspendu et très loin d'être achevé : notre temps.

L'héliogravure est un procédé d'impression particulier qui permet de réaliser de très fines nuances de gris avec un étonnant effet de profondeur, et semble donner ainsi à ce qui a été montré un peu plus d'espace à chaque seconde qui s'écoule. Le procédé de reproduction de l'héliogravure associe donc plus qu'aucun autre l'extension du temps et la profondeur de l'espace. Le titre de toute la série, *Nocturnes à Giverny,* semble pour sa part présenter un morceau aux réminiscences musicales, mais désigne aussi cette période de la nuit où la visibilité des choses décline, où l'apparition et la disparition ne font plus qu'un avec le regard, où le ciel étoilé de la nuit ne jette plus l'ombre du temps sur les choses et où celles-ci, les feuilles, les pierres, les arbres, l'eau et ses reflets, déploient leur propre temps dans le rapport qu'ils ont les uns avec les autres.

Une fois posé sur les tableaux en grand format, le regard rencontre des reflets à la place des ombres, détache la lumière de l'obscurité, saisissant avec chaque nouveau détail une autre constellation de la nature

aménagée. Chaque feuille, la moindre branche, absorbe la lumière avec le temps, le temps avec la lumière, et l'exposition longue entoure les choses d'une aura de lumière – non pas une clarté délimitée par l'ombre, mais une lumière qui se dépose uniformément sur la nature, qui protège silencieusement chaque mouvement et lui insuffle la lumière. L'obscurité se mue ainsi en une lumière en cours d'avènement. La fascination exercée par ces images tient aussi au fait que nous sommes nous-mêmes placés dans cette durée qui, sous forme de temps prolongé, linéaire, était inhérente à ces images, que nous nous approprions en quelque sorte les moments qui se situaient entre l'ouverture de la chambre noire et, une fois qu'une quantité suffisante de lumière y avait été admise, leur fermeture. Nous nous trouvons, dirait Henri Bergson, face à une continuité du devenir, jusqu'à ce que l'image, sortant de l'obscurité, s'élève au niveau de la lumière et se déploie pour former une image qui nous soit contemporaine. L'étang aux nymphéas de Monet repose tranquillement, le pont japonais en son centre, ouvert en perspective centrale par les rives qui, à gauche et à droite, guident notre regard, reflétées par l'eau que la longue exposition a figée en miroir dans la partie inférieure de l'image, étendue vers le haut par un ciel clair au long duquel glissait la sphère terrestre, entraînant un voile d'étoiles qui a laissé ses traces comme des rainures dans le verre, des griffures célestes.

On décrit la photographie comme une guillotine du temps (Nietzsche), un présent gelé (Kracauer), une extinction du souvenir (Thomas Bernhard), une mort en cours (Roland Barthes), et on la conçoit toujours comme une fin de l'évolution de cette constellation du temps et de l'espace qui a trouvé son entrée dans l'image. Et pourtant cette « fin », ce caractère éphémère des moments qui ont mené à la prise de vue, reste en quelque sorte préservée, comme une fin en devenir, au profit de l'image. C'est précisément à ce caractère éphémère que nous faisons appel pour déterminer le moment actuel. Si quelque chose a été à la lumière de la photographie, alors il a été actuel, il « a été ». Ce « il » renvoie au contexte, qui n'englobe cependant pas un moment, mais une quantité de moments ayant trouvé, de manière synchrone et asynchrone, un accès à la prise de vue, dans une durée faite de temps différents, en fonction de la capacité des choses à se diriger vers la lumière et à la refléter. Est alors « actuel » le devenir permanent de ce même entrelacement de moments dans l'image photographique. Henri Bergson avait écrit sur la durée considérée comme un devenir qui place le temps et l'espace dans des rapports mutuels toujours différents, des rapports de « multiplicité ».

L'art d'Elger Esser me semble reprendre ces références ; d'une manière non consciente, mais imagée, il sélectionne des moments du souvenir, pour les collecter dans la « zone mouvante » de points dont chacun n'est que

« le mieux éclairé […] dans un écoulement sans fin »[2]. Dans la perception, on ne peut pas conserver des éléments du temps pour les ajouter à d'autres, il n'existe pas de perception cumulative, chaque impression est et se place dans la multiplicité des relations possibles. Aucun moment, une fois animé dans le sillage du temps, ne revient jamais dans la cuvette temporelle où il repose. L'essentiel, c'est la constellation de la perception, le mouvement de l'homme dans l'espace, mouvement qui n'est pas moins animé par des impressions rapides que la vitesse modérée et pourtant définie à laquelle tourne notre globe terrestre. L'œuvre d'Elger Esser n'est pas consacrée à l'objet, à l'architecture, au paysage, ni même à l'homme, à rien, strictement rien de ce que nous pourrions toucher, saisir ou conserver, son cadrage photographique cherche la disparition dans l'apparence, l'oubli dans le souvenir, la latence de la rencontre qui attend dans le contact des feuilles du branchage de l'arbre ou dans le reflet de l'étang aux nénuphars. Dans ses photographies, il cherche – et je cherche, moi, son observateur – le contact d'au moins deux moments temporels distincts qui, grâce à la linéarité qu'apporte cette longue exposition, se découvrent sur le mode de la discontinuité.

Dans *À l'ombre des jeunes filles en fleur,* Marcel Proust compare la mémoire à ces vitrines de boutiques qui exposent tantôt telle photographie, tantôt telle autre, de la même personne, mais dont nous ne gardons généra-lement que la dernière en mémoire. Elger Esser – et ce n'est pas seulement ici, avec la série des *Nocturnes* – déploie de nuit cet alignement d'images qui se remplacent les unes les autres. Il s'y exerce par un langage rigide, formel, qui correspondrait au classicisme en pointillé d'un Baudelaire, consistant à charger des tropes rhétoriques – par exemple l'allégorie – de contenus nouveaux et différents. Les images frappent par leur composition classique, le remplissage de l'espace de l'image est souvent presque calculable dans les proportions du Nombre d'or. Le sujet, qu'il s'agisse du jardin de Monet, d'autres lieux cachés dans la Normandie animée par Baudelaire, Flaubert et Proust, de la côte normande peinte par Delacroix, Corot, Courbet et Boudin ou des détails agrandis d'une abondante collection de cartes postales consacrée à la côte atlantique à la fin du XIXe siècle – ponts, vedute et paysages –, le sujet chez Elger Esser équivaut à un «*fait divers*», à une baleine échouée, que ce soit au début du XXe siècle ou, dans son agrandissement extrême, un siècle plus tard. L'espace, dans ces images, n'est pas de ceux qui mènent aux visions, le chemin de John Ruskin entre le flou et le net, mais un espace qui naît seulement avec les choses et dans le temps. Ce n'est bien sûr pas un hasard si Elger Esser s'est consacré au jardin de Monet à Giverny. C'est là que Monet, tout en construisant son jardin comme une œuvre d'art, a commencé à peindre en série, depuis les *Meules* de foin jusqu'aux *Nymphéas,* une création dont l'achèvement se fait pratiquement dans la lignée de l'œuvre les *Nymphéas* de la rotonde de l'Orangerie, à Paris ; il cherchait où elles se «complètent pour former une totalité» et où «toutes les parties d'une série constituent une fois encore une unité», avant de commencer la peinture en série.[3] À propos des tableaux des meules de foin, Monet écrit à Gustave Geffroy qu'il est justement en train de travailler à une série de vues différentes, mais qu'en cette saison le soleil décline rapidement et qu'il ne parvient pas à le suivre. Sa lenteur au travail le met au désespoir. Plus il vieillit, écrit-il, plus il comprend qu'il faut beaucoup travailler pour parvenir à restituer ce qu'il cherche : la «momentanéité», et tout spécialement l'intégration atmosphérique des objets et la lumière qui se diffuse partout.[4] Elger Esser renverse en quelque sorte «l'intégration des objets» en laissant ces derniers déterminer l'espace en fonction de la lumière changeante et en transformant la «momentanéité» en instant allongé de l'exposition. Car il n'a jamais pu voir lui-même la vision que les images ont offerte sur la durée.

Cette multiplicité complexe des impressions temporelles, de l'expérience du temps, Henri Bergson l'avait décrite en employant l'exemple du doigt avec lequel nous remontons sur la surface d'une bouteille. Ou bien nous éprouvons le contact dans la durée, et nous ne pouvons pas, alors, détacher du mouvement un seul moment du contact. Ou bien nous percevons une succession de moments et nous pouvons définir chacun de ces moments comme distinct et le mouvement comme le résultat. Mais alors, selon Bergson, nous avons déjà l'impression de l'espace et de la réversibilité possible d'une succession déterminée dans le temps, nous nous imaginons l'espace et celui-ci devient représentation. Si tel était le cas, nous devrions pouvoir séparer n'importe quel moment isolé, mais en négligeant nécessairement la multiplicité temporelle due au fait que chaque moment a un comportement différent à l'égard de ce lui qui le précède comme à l'égard de celui qui lui succède.[5] Comme l'écrivait Marcel Proust, nous ne voyons jamais dans la vitrine que la dernière des photographies, le dernier temps à être advenu, mais chacune des photographies précédentes «de la même personne» a porté son empreinte sur la sensibilité de notre regard. Les prises de vue nocturnes d'Elger Esser ne sont pas «pure durée» d'exposition, elles condensent, sur le mode allégorique, le travail crépusculaire du souvenir et de l'oubli, elles sont à la fois extinction *et* moments choisis de la restitution.

Dans *Giverny II,* la lumière est imbibée de la lune qui passe, elle me rappelle la plus ancienne photographie, celle de Nicéphore Niépce à Saint-Loup-de-Varennes, fruit de plusieurs heures d'exposition, lesquelles sont toutes condensées dans l'image et révèlent un monde non vu, ou encore les chronophotographies d'Étienne Jules Marey, le contemporain de Monet, dont les études impriment un rythme staccato au temps sans durée. Les expositions longues de l'image unique de Marey ne fixent pas le temps comme durée, mais le déroulement des mouvements, segmentés en moments différents. Les *Nocturnes* d'Elger Esser, en revanche, fixent les deux et plus encore. Images «cristallines», dans le sens où l'entend Gilles Deleuze, elles présentent l'histoire, le présent et l'avenir, unissent une réalité et une virtualité, et désignent cette virtualité comme une réalité reflétée. Les *Nocturnes* d'Elger Esser ne sont pas moins complexes que les capacités de la perception humaine et de la mémoire, du «travail de Pénélope de la souvenance» (Walter Benjamin) et de l'oubli. Les images elles-mêmes, ces élévations des objets hors de l'obscurité par le biais de la lumière, et la constellation spécifique de la réalité par la durée de l'exposition, constituent l'hymne aux ramifications et aux reflets des choses. Dans son grand panorama des nymphéas, qui créait l'espace et donnait le temps, Monet disait vouloir transmettre « une vague sans horizon ni rivage », placer toutes les références de la réalité sous la responsabilité de la contemplation et dans la mission de la transposition. Elger Esser revient au temps de Marcel Proust, de Claude Monet, il reflète le temps tel qu'il s'écoule de nuit dans le jardin de Giverny et fait aujourd'hui sortir à la lumière une durée à laquelle toute fin n'est jamais accordée que de manière provisoire, comme une section dans laquelle les reflets des temps font avancer la barque sans indiquer de rive et où toute arrivée ne représente jamais qu'un prolongement de la rencontre avec ce qui est révolu.

Les *Nocturnes à Giverny* mettent la lumière dans les lendemains.

1 Cité d'après Karin Sagner, *Monet in Giverny,* Munich, Berlin, Londres, New York 1994, p. 7. Le texte de Clemenceau, *Claude Monet. Les Nymphéas,* a été réédité en 2010 aux éditions Bartillat.
2 Henri Bergson, *L'évolution créatrice,* Paris, Presses Universitaires de France, 1907, p. 7.
3 Gottfried Böhm, « Werk und Serie. Probleme des modernen Bildbegriffs seit Monet », in Karin Sagner-Düchting (éd.), *Claude Monet und die Moderne,* Kunsthalle der Hypo-Kulturstiftung, Muinch, Londres, New York 2001, p. 162.
3 Cité d'après Karin Sagner, *Monet in Giverny,* Munich, Berlin, Londres et New York 1994, p. 30.
5 Cf. Henri Bergson, *Essai sur les données immédiates de la conscience,* Paris, 1946, p. 76. Et sur ce point Gilles Deleuze, *Le bergsonisme,* Paris, Presses Universitaires de France, 1966, p. 31 sq. ainsi que *Id., Cinéma 2. L'image-temps,* Paris, Editions de Minuit, 1985, p. 92 sq.

Diese Publikation erscheint anlässlich der Ausstellung / *This book is published on the occasion of the exhibition*

Elger Esser

LVR-LandesMuseum Bonn
26. April bis 24. Juni 2012
April 26 – June 24, 2012

Landesmuseum Oldenburg
7. Juli bis 30. September 2012
July 7 – September 30, 2012

Elger Esser ist Träger des Rheinischen Kunstpreises des Rhein-Sieg-Kreises 2010. / *Elger Esser is laureate of the Rheinischer Kunstpreis des Rhein-Sieg-Kreises 2010.*

ISBN 978-3-8296-0578-6
Eine Schirmer/Mosel Produktion
www.schirmer-mosel.com

Credits
Übersetzungen ins Englische/ *English translation* Pauline Cumbers

Übersetzungen ins Französische / *French translation* Olivier Mannoni

Graphische Gestaltung und Satz/ *Graphic design and typesetting* Monika Warmuth, Düsseldorf

Reproduktionen/*Reproductions* NovaConcept, Berlin

Druck und Bindung/ *Printing and binding* BenatzkyMünstermann, Hannover

Bildnachweis/Photo credits
Seite 6/*Page 6*
© Collection du musée Clemenceau

Dank / Acknowledgements
Dieses Buch wurde ermöglicht durch die großzügige Unterstützung von: *This book was generously supported by:*

LVR LandesMuseum Bonn
Rhein-Sieg-Kreis
Hanse-Wissenschafts-Kolleg, Delmenhorst
Landesmuseum Oldenburg
Fondation Claude Monet Giverny
Pôle Image Haute-Normandie
Musée des Impressionnismes Giverny